Whipped cream

Huizen met pruik

and other delights of

Amsterdam
architecture

Niek Biegman

Dedicated to the memory of Gerrit Wiedemeijer, who taught me to look.

Opgedragen aan de nagedachtenis van Gerrit Wiedemeijer, die mij leerde kijken.

Whipped Cream/*Huizen met pruik*

KIT Publishers

Mauritskade 63

PO Box/Postbus 95001

1090 HA Amsterdam

E-mail: publishers@kit.nl

www.kitpublishers.nl

© KIT Publishers, Amsterdam 2011

ISBN 978 94 6022 140 8

NUR 901

Text and pictures/*tekst en foto's*: Nicolaas Biegman

Editing English texts/*redactie Engelse tekst*: Garry Schwarz

Design/*Vormgeving*: Grafisch ontwerpbureau Agaatsz BNO, Meppel

Production/*productie*: Hightrade, Zwolle

Contents/*Inhoud*

1 Kerkstraat 184-186, May/*mei*.

Foreword

The great humanist from Rotterdam, Erasmus, invented the following riddle: «I know a town whose citizens live like crows, on the tops of trees.» The solution is, of course, Amsterdam, which is built on tall wooden piles as anyone knows who has been raised with the Dutch nursery rhyme that goes somewhat like this:

«Amsterdam, that gorgeous town,
Stands on wooden stilts.
If the town
Came tumbling down,
Who would pay the bills?»

In the seventeenth century, when Amsterdam was at the zenith of its wealth and power, Dutch architecture too flourished at its highest level ever. It was then that Amsterdam built its magnificent girdle of canals, the best conceived and executed city expansion the world had known until then. There are beautiful cities all over the world, but none of them ever created as impressive and harmonious an ensemble within such a short period as did Amsterdam in the seventeenth century. The opulent, optimistic civil architecture along the canals must have struck visitors as extraordinary.

It may sound strange, but on quiet Sunday mornings the canals exude the same charm that captivated visitors three hundred years ago. Walking along the canals in those hours, you get a powerful historic sensation, a unique experience of a city that no longer exists but that we know intimately all the same.

The string of pearls that borders Herengracht, Keizersgracht and Prinsengracht shows an unparalleled

Voorwoord

Van de Rotterdamse humanist Erasmus komt dit raadsel: «Ik ken een stad waarvan de bewoners als kraaien wonen op de toppen van bomen». Het antwoord is natuurlijk Amsterdam, dat weet op z'n minst iedereen die is opgegroeid met het kinderversje: «Amsterdam die mooie stad, is gebouwd op palen. En als die mooie stad eens ommevalt, wie zal dat betalen?» Vrijwel gelijktijdig met het rampjaar 1672 beleeft de Hollandse architectuur een ongekend hoogtepunt. In Amsterdam ontstaat gedurende de Gouden Eeuw het wonder van de Grachtengordel, de meest geslaagde stadsuitbreiding ter wereld. Overal in de wereld zijn mooie steden te vinden, maar nergens is in korte tijd een vergelijkbaar groots en harmonieus ensemble verrezen als in het 17e-eeuwse Amsterdam. De burgerlijk-behaaglijke, opgewekte Hollandse architectuur langs de grachten moet op bezoekers een verpletterende indruk hebben gemaakt. Het wonderlijke is dat de grachten op een stille zondagochtend nog steeds dezelfde bekoring oproepen als destijds. Wandelaars ervaren een voortdurende historische sensatie, een ongeëvenaarde belevenis van een stad die niet meer bestaat en die we toch zo goed kennen. Voor mensen van nu is wandelen langs de grachten wandelen in een werkelijkheid van toen.

Het aaneengeregen kralensnoer langs de Heren-, Prinsen- en Keizersgracht laat een ongekende rijkdom zien, gevat in baksteen, harmonisch opgetast volgens de klassieke bouworden. Opvallend is vooral dat niet een van de bouwwerken opvalt. Alle grachtenpanden voegen zich in het grote geheel, schikken zich in de rooilijn en houden zich keurig aan de kennelijk voor iedereen bepaalde hoogte.

Hoe statig en voornaam ook, in Amsterdam spreekt men niet van stadspaleis, hotel of residentie, maar van grachtenpand. Een nuchtere naam zonder enige opsmuk die eigenlijk geen recht doet aan de vaak weelderige ornamentiek. Wie zijn ogen de kost geeft, ontdekt een rijkdom aan gevels, sierwerk en prachtige accentren, om van het interieur en de

harmony of forms in brick, wood and plaster, in tune with classical styles and elaborating on them. The striking thing about it all is that not one of the buildings stands out conspicuously from the rest. They all conform to the whole, obediently following the building-line and respecting a height limit that applied to all. A house in Amsterdam is not called a *palazzo*, a mansion or a *hotel particulier*. Whatever its grandeur or importance, a house on a canal is a *grachtenpand*, a canal house, no more, no less. Hidden behind this (falsely) modest word is a wealth of sumptuous decoration and lovely detail, unexpected interiors and hidden gardens.

The historic center of Amsterdam offers an immense variety of beauty. I hope this book will enhance many a visitor's enjoyment of that treasure.

Wim Pijbes

verborgen tuinen nog maar te zwijgen. Veel van dit moois verdient het om genoten te worden. Moge dit boek daarvoor een prachtige aanleiding vormen.

Wim Pijbes

Wigs made of stone

This book presents the first focused look at a delightful architectural feature that was all the rage in Amsterdam when that city was at the height of its power and prosperity. The capital of the Netherlands is known for its concentric canals, its distinctive bell towers and its city hall (now the royal palace in Dam Square), which even before its completion was called the eighth wonder of the world. For me, though, Amsterdam's uniqueness lies first and foremost in the proliferation of a particular type of civil architecture from the seventeenth and eighteenth centuries. It consists of houses whose gables are topped with blond shoulder-length wigs made of painted stone that looks much like whipped cream. Once you have noticed them you will see them by the hundreds all around the girdle of canals (don't even try to pronounce the Dutch word "grachtengordel") and other areas where building took place between roughly 1640 and 1775, during the Baroque and the Rococo. Whoever looks for buildings such as these in other Dutch cities will not find more than a few examples.

It is as if Amsterdam had patented whipped-cream architecture; as if there were a connection between the waves of the whipped-cream wigs and the waves Amsterdam ruled during part of the period.

The house with the wig was first designed by an Amsterdam architect, Philips Vingboons, around the middle of the seventeenth century. Before long, the Vingboons gable became fashionable and it remained that way for more than a hundred years. These were also the years when the western and southwestern part of the city was developed, including the three major

Pruiken van steen

Dit boek toont een stijl van bouwen en decoreren die gebruikelijk was in het Amsterdam van Gouden Eeuw en Pruikentijd, en die nog steeds een belangrijk onderdeel vormt van het uiterlijk van de stad.

De hoofdstad is bekend om zijn grachten, de Wester- en andere torens, en om zijn stadhuis dat bij voltooiing het Achtste Wereldwonder werd genoemd, en ooit koninklijk paleis is geworden en gebleven. Maar het unieke van de stad ligt in een bouwstijl die gekenmerkt wordt door hals- en klokgevels versierd met beschilderd beeldhouwwerk dat nog het meest lijkt op slagroom. Die slagroom komt in de vorm van blonde golvende pruiken die reiken tot op de schouders. Wie er een beetje op let ziet ze in het centrum overal, soms bij tientallen tegelijk. Niets is Amsterdamser dan deze huizen met pruiken. Zij komen ook voor in andere Nederlandse steden maar daar zijn ze uitzonderingen. Het lijkt wel alsof Amsterdam er een patent op had genomen. Alsof de golven van de pruiken op hun huizen de Amsterdammers deden denken aan de woelige baren waarop zij het geld verdienden dat hun bouwprojecten mogelijk maakte.

Hoe dan ook, de gevel met pruik werd bedacht door een Amsterdamse architect, Philips Vingboons, omstreeks het midden van de zeventiende eeuw. Binnen korte tijd was de "Vingboonsgevel" in de stad een ware rage, die in verschillende versies en variaties meer dan honderd jaar stand hield.

Juist in die tijd werden in het westelijke en zuidwestelijke deel van de stad, de "Nieuwe Zijde", de grachtengordel en de Jordaan aangelegd. In dat gedeelte vinden wij dan ook de meeste voorbeelden van deze architectuur. Toch is daar ook heel wat van te zien aan de Oude Zijde, het oostelijke deel, waar in dezelfde periode minder omvangrijke uitbreidingen plaatsvonden maar waar ook nieuwe huizen werden gebouwd en oude gerenoveerd.

We zien de golvende pruiken op dure koopmanshuizen aan de Heren- en Keizersgracht, en nog vaker op de smallere woningen van eenvoudiger

grachts and the Jordaan. This is why most of the wigged houses are to be found in that area, even though the eastern half of the old centre contains a number of fine specimens as well.

While whipped-cream wig decoration adorns some of the urban palaces built for the Amsterdam super-rich, most surviving wigs embellish the homes of people of more modest means. There are good reasons for this. For one thing, a wig would not fit a facade wider than about nine metres. For another, many of those who could afford a large house seem to have preferred more international-looking, classical styles. However, even in these cases the widespread appetite for whipped cream was not completely suppressed. Seek it and you shall find it, often in impressive quantities, in the cornices. The builders stopped putting wigs on their dwellings around the time they stopped wearing them on their heads. Some of the houses subsequently lost their wigs in restructuring initiatives that followed the taste of the day. By then Amsterdam had long since ceased to rule any waves at all.

In squeezing the cream nozzle some architects were more generous than others. Some worked all over a building's exterior, others restricted themselves to modest tufts around the edges. Many designed nice curly wigs, the curls consisting largely of shapes derived from vegetal motifs such as flowers, fruits and pine cones, and especially the acanthus leaf. Among some of the other motives we find marine creatures, as one would expect in a sea-faring city like Amsterdam. Thanks to the spherical heads and serpentine tails with which they were endowed by their sculptors, carved dolphins blend easily with the formal language of whipped-cream gables. Classical divinities connected with the seas, such as Neptune and Triton, brand their tridents, play their lyres

lieden, ook in de zijstraten en in de Jordaan. Als een huis breder was dan een meter of negen paste er al geen pruik meer op. Bovendien hadden vele welgestelden kennelijk een voorkeur voor een rechte kroonlijst, al werd ook daarop slagroomversiering aangebracht, vaak in overvloedige hoeveelheden.

Achterin de achttiende eeuw raakten zowel bij de Amsterdammers zelf als bij hun nieuwbouw de pruiken uit de mode. Een aantal reeds bestaande pruiken sneuvelde nog tijdens verbouwingen waarbij de gevels aan de heersende trend werden aangepast en voorzien van een strakke, horizontale lijst. Maar er bleven heel wat over.

Niet alle gevels werden gelijk bedeeld met de slagroomspuit. Sommige moesten het doen met een reeks bescheiden klodders, bij andere kon het niet op.

De meeste pruiken vertonen motieven ontleend aan bloemen, vruchten en acanthusbladeren, maar er zijn er ook met specifieke figuren. Die hebben nogal eens te maken met de zee. Dolfijnen, afgebeeld met bolle koppen en kronkelende staarten, passen goed in het patroon. Klassieke godheden uit de zee, zoals Neptunus en Triton, houden een drietand vast, spelen op een lier, of blazen op een hoorn of schelp. Voorzover ze zelf geen vissenstaart hebben berijden ze een dolfijn.

Mercurius, de god van de handel, houdt een volle buidel met geld in de hand. Hier en daar zien we paarden, leeuwen, beren, honden en adelaars. Ook zijn er Afrikanen als symbool van de overzeese handel, niet in slaven zoals men zou kunnen denken, maar in producten als tabak.

Vooral op de hogere oneven nummers van de Herengracht is de goden- en dierenwereld talrijk en gevarieerd. Daar kruipen de beelden uit het metselwerk als maden uit een oud stuk kaas, of als slangen uit de kist van een slangenbezweerder.

De pruik werd bedekt met een driekante steek of een ronde muts. Afhankelijk van afkomst, beroep of belangstelling van de eerste eigenaar kon de muts worden versierd met een koe, een paard, een schaap, een ton, een kanon of een wijngaard, om maar iets te noemen. Er zijn er ook met het bouwjaar, een familiewapen of het wapen van Amsterdam, vissen, vogels, hazen, vossen, een olifant of nog een extra bosje acanthusblaren. De Rococo bracht wildere haren, en een kuif in plaats van een muts of steek.

and blow on horns and shells. If they do not possess a fishtail of their own they ride a dolphin. The god of commerce, Mercury, is shown clutching a well-filled purse.

There are some horses, lions, bears, dogs and eagles hidden in the wigs as well. We also find Africans symbolizing overseas trade, not in slaves as one might suspect, but in products like tobacco.

Divine and animal life flourishes especially richly on the high uneven numbers of Herengracht. Here, sculpture crawls out of the masonry like maggots out of a chunk of old cheese, or snakes out of a snake charmer's basket.

The wig would be topped off by a three-cornered hat or a round bonnet. Depending on the occupation or interest of the first owner, the bonnet may be decorated with a ship, a calf, a horse or two, a sheep, a barrel, a cannon or a vineyard. Alternatively or additionally, it may show the building year, the Amsterdam coat of arms with its three crosses of St. Andrew, an animal, fish or bird, or yet another bunch of acanthus leaves. During the Rococo years, most of the gables were covered by their curls only. Instead of being dyed blond, a few of the wigs were left shamelessly grey, the colour of the sandstone from which they were cut. On certain winter days a white icing appears on top of it all.

The bulbous whipped-cream wigs are supported by iron bars connected to the roof and mounted on thin brick walls resembling cardboard. Amsterdam's houses are built of card board and whipped cream. Besides exposure to the elements, these structures have for centuries been subjected to immense mechanical forces generated by the hoisting of heavy furniture and merchandise with the help of *hijsbalken*, massive beams sticking out near the top of the facades. It is amazing that so many of them have survived so long.

De meeste pruiken zijn blond geverfd, maar sommige zijn schaamteloos grijs gebleven, de kleur van de zandsteen waarvan ze zijn gemaakt. In de winter ligt over dit alles soms een wit laagje glazuur.

De dikke stenen pruiken, gesteund door ijzeren staven die vastzitten aan de nokbalk, rusten op dunne bakstenen muren die lijken op karton. Amsterdam, die grote stad, is gebouwd van karton en slagroom. Het is een wonder dat het allemaal nog overeind staat.

De façades worden weerspiegeld in het water van de grachten en wanneer het geregend heeft, zoals soms gebeurt, in de plassen op straat. Gereflecteerd op lak en glas buigen ze mee met de ronde vormen van auto's en trams.

Door de grachten waait de wind en er varen rondvaartboten die beweging in het water brengen. De golven, golfjes en rimpels verplaatsen zich door de spiegelbeelden heen en dan kunnen er onwaarschijnlijke vormen ontstaan. In de lente leveren de meerkoeten met hun drijvende nesten een eigen bijdrage.

De mooiste reflecties komen van gevels die wat voorover hellen, "gebouwd op vlucht", een structuur die teruggaat op de houten huizen uit de middeleeuwen en die toegepast werd totdat zij in de negentiende eeuw werd verboden.

Wanneer de nacht valt blijven de toppen afsteken tegen de donkerblauwe lucht.

***

Dit boek is in de eerste plaats bestemd voor de gaande en komende man of vrouw die maar een paar dagen kan doorbrengen in Amsterdam. In die paar dagen moet die naar musea, eten, drinken en winkelen, en dan blijft er weinig tijd over om rustig te wandelen en te fotograferen. De bezoeker neemt een stuk of wat foto's, maar had er graag wat meer gemaakt. Is hij of zij er in de zomer, dan is het meeste van al het moois trouwens verscholen achter groene blaren.

(Het Amsterdamse geboomte kent vijf jaargetijden: de bekende vier, en omstreeks april en mei een tussentijdse herfst. In die periode dragen de iepen een zwaar pakket zaden op ronde bruine vleugeltjes. Die vleugeltjes zien eruit als herfstbladen en gedragen zich ook zo. De grachten komen er helemaal onder, en je huis ook.)

The buildings are reflected, reinterpreted and distorted on the windows and bodies of cars and trams, in the water of the canals and whenever it rains, as it occasionally does, on the pavement and in the puddles. As if to facilitate this reflection, many of the houses were built with a slight forward inclination derived from earlier, wooden models and customary until prohibited in the nineteenth century. After sunset their silhouettes continue to stand out against the dark-blue sky.

***

This book has been made for the passing visitor, to help her or him remember some of the architecture of Golden Age Amsterdam. During a stay of a few days much of the time will be spent in museums, shops and restaurants and there will be little opportunity for the leisurely walks that facilitate photography. Apart from that, much of the city's beauty is hidden behind abundant summer foliage during the peak of the tourist season. Speaking of seasons, Amsterdam, in addition to the usual four, possesses a fifth one. Around the time when the green leaves appear on the ubiquitous elms, these trees also carry a heavy load of seeds sitting on a brown membrane. The seeds on their membranes look and behave like autumn leaves, eventually covering streets and *grachts*. This spring autumn lasts for a few weeks, between the months of March and May. Another spring phenomenon that affects the facades is that this is the time of year when the coots take their pick from the plastic flotsam in the canals and add their nests to the city's architecture.

When I took these photographs I was living in Amsterdam and had the opportunity to walk and cycle all year round in this remarkable city, prepared for both the expected and the unexpected. Apart from that, my

Ik woonde in Amsterdam, en had ruim gelegenheid om in ieder seizoen door deze merkwaardige stad te lopen, te fietsen en te fotograferen.

De straten zijn vaak smal, de grachten ook niet allemaal even breed, en de huizen een stuk hoger dan in andere oude Nederlandse steden. Telkens aanbellen aan de overkant met het verzoek om vanuit de bovenverdieping een slagroompruik te mogen vereeuwigen was geen aantrekkelijke optie. Dus stond ik beneden en fotografeerde nogal eens naar boven. Perspectivische vertekeningen waren dan onvermijdelijk, maar al doende kreeg ik het gevoel dat zowel beeldhouwwerk als straat ook onder deze hoek bezien goed tot hun recht konden komen. Ook de toerist krijgt de gevels pas goed op zijn netvlies wanneer hij omhoog kijkt. Waar op straatniveau in de loop van de tijd van alles is veranderd, is hogerop veel hetzelfde gebleven. Wel brengt deze manier van kijken mee dat het menselijke element zo goed als afwezig is. De voornaamste levende wezens op de foto's zijn de goden en dieren tussen de krullen van de pruiken. Het enige wat beweegt zijn trams, overdrijvende wolken, een paar vogels en een trein in de verte. Maar voor wie het wil zien zit er veel menselijks in de bepruikte huizen zelf.

Afgezien van een enkele stoep of woonboot en van mijn eigen woning op de derde verdieping aan de Herengracht heb ik geen standpunten ingenomen die niet op de weg lagen van de gemiddelde bezoeker. Het maken, verzamelen en selecteren van de foto's nam met tussenpozen vier jaar in beslag. Tenslotte koos ik de beelden uit die ik het liefste terugzag, en die als geheel de lezer een weliswaar onvolledig maar toch waarheidsgetrouw beeld zouden meegeven van Amsterdams slagroompruikenarchitectuur.

Het bindende element tussen de foto's bestaat uit die pruiken, maar als ik mij daartoe had beperkt, zou het resultaat nogal eentonig kunnen worden. Daarom heb ik het stedelijk landschap ook meegenomen, maar wel zo dat er op elke foto ten minste een slagroompruik prijkt; een voorwaarde waaraan zonder veel moeite kon worden voldaan.

Niek Biegman

pictures could have been made by anyone present at the right spot and at the right time of the day during the right season. Apart from climbing the stairs to my fourth-floor apartment on Herengracht and stepping onto the odd stoop or houseboat, I refrained from taking up any position not accessible to the average passer-by.

Many streets and some canals are rather narrow and the houses in Amsterdam are much taller than those in other old towns in the Netherlands. Some neck-straining was unavoidable and so were the peculiar perspectives it entailed. In the course of time I came to feel that some of the sculpture looked even better when seen under such an angle than observed in its true proportions from a greater distance. An inevitable effect of pointing the camera upward is that few photos include human beings. The main living element consists of gods and animals, sitting among the curls of the wigs. With the exception of streetcars, birds, a train in the distance and clouds in the sky, nothing moves. But the wigged houses themselves show a human face to whoever wishes to see it.

For four years I followed the numerous whipped-cream wig trails radiating from my house, and then used the photos I liked best. Taken together, they should give the reader an admittedly incomplete but nevertheless representative impression of this aspect of Amsterdam's architecture. In addition, the visitor will have ample opportunity to discover favourites of his or her own. Since focussing on nothing but wigs might have resulted in a rather monotonous photo book I allowed myself to accommodate the urban context as well, on the strict condition that there is at least one wigged gable in each picture. As any visitor to Amsterdam will realize, this condition was not hard to fulfil.

Niek Biegman

2   Herenstraat at/*hoek* Keizersgracht, June/*juni.*

AMSTERDAMS
OUDSTE STAAT,
en byzondere
VERGROOTINGEN,
door ZEVENDERLEI Stippen
en Streepen afgebeeld.

Te AMSTERDAM by Is. TIRION, 1760.

Rynlandsche Roeden.

25   50   100   150   200

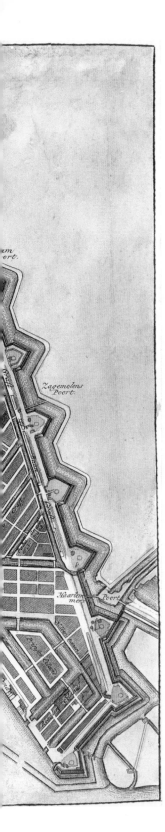

Aside from a few alterations and additions such as the railway line and the Central Station along the city's waterfront and the filling in of a number of canals, the layout of the historical center of Amsterdam has remained unchanged since Isaac Tirion published this map in 1760. By that year, practically all the whipped-cream wigs found in this book were in place.

The following chapters are preceded by details from the Tirion map indicating where the photos were taken. For the reader's convenience, the details from the map are turned so that north is at the top.

Afgezien van enkele toevoegingen en wijzigingen, zoals de spoorlijn en het Centraal Station tussen stad en IJ en het dempen van een aantal grachten, ziet de plattegrond van Amsterdam-Centrum er net zo uit als toen Isaac Tirion zijn kaart uitgaf in 1760. Ook bijna alle slagroompruiken die in dit boek staan waren toen al aangebracht.

De hoofdstukken met de foto's worden telkens voorafgegaan door een gedeelte van de kaart, waarop is aangegeven waar ze zijn gemaakt.Voor het gemak van de lezer zijn die stukken met het noorden naar boven afgedrukt.

Sculpture park Amsterdam

Holland and sculpture maintain an uneasy relationship. While monumental sculptures are found in significant numbers in the churches and squares of south and central Europe, in the Netherlands they are few and far between. This was not always the case. Until the second half of the sixteenth century, when they suffered a furious spate of iconoclasm, Dutch churches were richly endowed with sculpture. The stripping of the churches by Reformers set a new norm for the ecclesiastical interior. Henceforth, only the Word, whether spoken or sung, was allowed central stage. Consequently, the only items to be decorated, mostly with wooden carvings and painting, were pulpits and organs. Yet, stone sculpture didn't disappear totally from the Protestant churches. An exception was allowed for the tombs of military commanders. In the New Church in Delft mausoleums were erected for the princes of Orange, the generals of the Republic. Famous admirals were honored with grandiose ornate memorials. The greatest of them all, Michiel de Ruyter, who defeated the English fleet more than once and saved the Dutch Republic from disaster in 1673, is conspicuously entombed in the spot in the New Church in Amsterdam where the altar had stood when the church was still dedicated to Catholic worship. This exception for generals and admirals provided a handful of Dutch sculptors with a niche in an otherwise rather lean home market.

The fact that Holland was the province of a republic was not very helpful, either. The monarchies that ruled elsewhere in Europe provided sculptors with major patronage. Kings and ambitious courtiers built

Beeldenpark Amsterdam

Sculptuur en Holland, een onwennige relatie. Monumentale beelden verwacht je eerder in kerken en op pleinen in Zuid- en Middeneuropa. Maar door de Hollandse kerken woedde in de zestiende eeuw een furieuze beeldenstorm, die vervolgens de norm voor zowel de, van versiering gestripte, als voor de nieuwgebouwde kerkinterieurs bepaalde. Voortaan mocht alleen nog het Woord, gesproken of gezongen, centraal staan. Vandaar dat in protestantse kerken alleen de preekstoelen en orgels nog versierd werden, meestal met houtsnijwerk en beschilderingen. Toch verdween de stenen sculptuur niet helemaal uit de protestantse kerken, want een uitzondering werd gemaakt voor de eregraven van de aanvoerders van onze defensiemacht. Zo kregen de Oranjes hun grafmonumenten in De Nieuwe Kerk in Delft en werden onze beroemde zeehelden met protserige praalgraven vereerd in, onder andere, De Nieuwe Kerk in Amsterdam. Het grafmonument voor de grootste van hen, Michiel de Ruyter, kreeg daar zelfs de plaats van het voormalige altaar! Deze omvangrijke en flamboyant uitgewerkte kunstwerken vormden voor het handjevol Hollandse beeldhouwers de welkome uitzondering op een anderszins schrale thuismarkt.

Wat daarbij ook niet hielp, was het feit dat de provincie Holland deel uitmaakte van een republiek. Monarchieën, zoals in de rest van Europa, leverden een veel omvangrijker opdrachtgeverschap voor beeldhouwkunst op. Koningen en hun ambitieuze hovelingen lieten talloze, rijkversierde paleizen oprichten en bestelden monumentale portretbeelden van zichzelf ter versiering van menig stadsplein. In Amsterdam heerste een, door het calvinisme gedomineerde burgercultuur, waarbij paleisbouw en zelfverheerlijking uit den boze was. De huizen bleven daarom sober van buiten en als men zichzelf al liet vereeuwigen, dan was het in een geschilderd groepsportret met andere burgers, met wie gezamenlijk goede doelen werden verricht. Om die reden is de Hollandse schilderkunst verrijkt met het typisch Hollandse genre van regenten- en schuttersstukken, met talrijke fenomenale hoogtepunten zoals De

innumerable richly decorated palaces and ordered monumental effigies of themselves to be displayed in city squares. In Amsterdam the dominant culture was middle-class and Calvinist. Palaces and other expressions of self-aggrandizement were considered to be fundamentally wrong. The exteriors of houses were kept austere; wealthy burghers who wished to have their portrait painted often ordered images showing them in the company of other citizens with whom they co-operated for the common good. This tendency enriched Dutch painting with the typical group portraits of regents and civic guard companies, culminating in Rembrandt's *Nightwatch* and *Syndics of the drapers guild*, both in the Rijksmuseum.

An attendant circumstance militating against public statuary is that there were hardly any squares in Holland spacious enough for a statue. Land in the Dutch cities was much too expensive to use for this purpose. The ground was so marshy that large sums of money had to be spent on drainage and raising the soil before a piece of land could be used for anything at all. In addition, the Republic was engaged in a costly war of independence from Spain until 1648, and once peace was achieved there were other enemies, actual and potential. Defensive systems had to be installed in the countryside and the cities had to be fortified. Every time a city was enlarged, new city walls and gates had to be constructed. The unprecedented canal belt of Amsterdam taxed the city to an extreme degree. Not only did the digging of the new canals require heavy financing, so did the erection of the enormous ramparts around them. The city recuperated these disbursements with the sale of building plots in the new areas. Open squares wouldn't have yielded a penny, since there was no private interest in them. Most of the small squares that nevertheless came

Nachtwacht en De Staalmeesters, beide van Rembrandt.

Bovendien: pleinen hadden de Hollandse steden nauwelijks, daarvoor was de grond veel te kostbaar. Immers, voordat een stukje grond bebouwbaar was, was er al een fortuin uitgegeven aan draineren en ophogen. Bovendien streed de Republiek een onafhankelijkheidsoorlog tegen het Spaanse Rijk, hetgeen betekende om iedere stad een omvangrijk verdedigingsstelsel moest worden aangelegd. Elke stadsuitbreiding betekende een immens kostbare, nieuwe verdedigingswal. Voor de ongekende uitbreiding met de grachtengordel moest de Amsterdamse stadskas extreem aangesproken worden: niet alleen de aanleg van de grachten, maar ook het enorme bolwerk eromheen moest bekostigd worden. Dat gebeurde voornamelijk met de opbrengst van de verkoop van huizenpercelen in het nieuwe stadsgebied. Pleinen leverden echter geen cent op, want daar waren geen particuliere kopers voor. Vandaar dat er ook maar enkele pleintjes in de grachtengordel voorkomen, voornamelijk bij de kerken. Het Amstelveld is daarvan een van de royaalste, maar dat heeft te maken met het feit dat daar nog steeds maar de 'voorlopige' noodkerk staat, die vervangen had zullen worden door een veel omvangrijkere. De onmisbare rol van markt werd overgenomen door de grachten: op de gedeelten met de voornaamste woonhuizen na werden alle kaden gebruikt voor het uitstallen van goederen en producten. Op die manier ontstond bijvoorbeeld langs de Prinsengracht de groentemarkt en langs het Singel de appelmarkt.

Is de Amsterdamse grachtengordel dus arm aan sculptuur? Niet helemaal…

Vraag aan bezoekers van Amsterdam waarom de grachtengordel zo mooi is en zij zullen natuurlijk eerst antwoorden dat het de combinatie is van het water met de daaraan gelegen, eindeloze rijen historische panden. Pas in tweede instantie zullen zij twee andere aspecten noemen die de schoonheid van de grachtengordel sterk bepalen: de bomen en de geveltoppen. Het eerste aspect, de bomenpracht, werd al kort na de aanleg van de grachtengordel bewonderd en bezongen. Zo schreef de Duitse reiziger Friedrich Luca in 1666: "Wann man oben […] die Stad Amsterdam übersieht, so weiss man nicht, ob es ein Wald in einer Stadt, oder eine Stadt in einem Walde ist."

into being are found next to churches. The largest one is the Amstelveld, part of which was earmarked for a big church that never got beyond the stage of the much smaller provisional one that is still there.

One public function that cannot be dispensed with was the market, and for this the city fathers came up with a cheap solution: they put the markets on the canals. Except for the stretches where the most expensive residences stood, all the quays were used for the display and sale of goods and produce. In this way, Prinsengracht became the vegetable market, and the Singel the apple market.

Well now, is Amsterdam's Girdle of Canals under-privileged in terms of sculpture? Surprisingly, it is not. When asked what makes the beauty of these canals, Amsterdam's visitors will first mention the combination of the water and the endless rows of historical buildings lining it. Next they will speak about two other defining aspects: the trees and the tops of the facades.

The trees have been admired and praised ever since the canals' construction. The German traveller Friedrich Luca wrote in 1666: «When looking down upon the city of Amsterdam, you don't know whether it is a forest in a city or a city in a forest.»

A forest in a city. Or rather, a park in a city. The regular lay-out recalls the solemn tree-lined avenues that in the seventeenth century would adorn the pleasure grounds surrounding a magnificent palace or country house. These long avenues would lead the eye towards statues or garden vases on the horizon, right on the axis. Admittedly, the Amsterdam situation was different. The curvature of the canals produced a horizon formed by a row of houses, seen only partly through the trees planted in front of them. What one did see as a continuous line, from the water or a bridge, were the tops of the facades rising above the trees, many of them enlivened by sculpture.

Een bos in een stad. Of liever: een park in een stad, want de regelmatige aanplant doet veel denken aan de statige bomenlanen die in de zeventiende eeuw rond paleizen en buitenplaatsen werden aangelegd als onderdeel van een parkaanleg met het paleis of buitenhuis als stralend middelpunt. Deze lange lanen gaven meestal uitzicht op beelden of tuinvazen, die midden in de as aan de horizon stonden. Een heel andere situatie dan in Amsterdam, zou je zeggen, want daar zorgden de gebogen lijnen van de grachtenaanleg ervoor dat de horizon steeds werd gevormd door een rijtje huizen, waarop het zicht werd geobstrueerd door de bomen die ervoor waren geplant. En toch was er een vergelijkbaar effect, want wat zag men vanaf het grachtenwater (en de bruggen) boven die bomen uitrijzen? De fraaie geveltoppen, waarvan er heel wat met beeldhouwwerk waren verlevendigd.

De drassige Hollandse bodem levert geen geschikte natuursteen op. Om dat te halen, moesten de Amsterdammers net over de landsgrens, bijvoorbeeld naar Bentheim in Duitsland voor de grijsgele zandsteenblokken waarmee het stadhuis op de Dam werd bekleed. Of naar de omgeving van Namen voor de blauwsteen, waaruit de meeste stoepen van grachtenhuizen werden geconstrueerd. Voor de bekleding van de geveltoppen waren deze steensoorten maastal te zwaar, net zoals het kostbare marmer dat helemaal uit Italië aangevoerd moest worden. Voor de Amsterdamse gevelversieringen werd daarom meestal gebruik gemaakt van zachtere, en dus kwetsbaardere steensoorten, zoals het kalksteen uit Zuid-Limburg, dat in bepaalde perioden wel, maar in andere perioden weer niet tot het grondgebied van de Republiek behoorde.

De grachtengordel werd in twee fasen uitgelegd: het eerste gedeelte, dat van Brouwersgracht tot Leidsegracht loopt, werd vanaf 1613 uitgegraven. Aan het tweede gedeelte, vanaf de Leidsegracht tot voorbij de Amstel, werd in 1660 begonnen.

In het oudste gedeelte is in bepaalde huizen, met name in Herengracht 170-172 ('Huis Bartolotti') uit 1617 en Het Huis met de Hoofden (Keizersgracht 123) uit 1621-22 nog de Vlaamse stijl waarneembaar, die we kennen van, bijvoorbeeld, de rijk met sculptuur uitgedoste huizen aan de Grote Markten van Antwerpen en Brussel. Architect van deze huizen was de, uit Utrecht afkomstige Hendrick de Keyser (1565-1621),

No usable stone could be quarried from Holland's soggy soil. To acquire natural stone the Dutch had to cross the border to places like Bentheim in Germany, where the yellowish grey sandstone was quarried that covers the city hall. Or to Namur in present-day Belgium for the blue stone used for stoops on the canals. Marble was imported at greater expense from Italy. These kinds of stone were considered to be too heavy to be used on the upper stories of the brick facades. For those parts of the houses builders preferred a lighter, but also softer and more fragile stone. Many of the wig-like decorations at the top of the facades therefore incorporate limestone from Southern Limburg, a border region that changed hands in the course of its history and is now part of the Netherlands.

The grachtengordel plan was implemented in two phases. The work on the first section, between Brouwersgracht and Leidsegracht, started in 1613. The second section, from Leidsegracht to the Amstel River and beyond, was laid out in 1660. Some houses in the oldest parts, especially Herengracht 170-172 (the Bartolotti House), built in 1617, and Keizersgracht 123 (the House with the Heads) of 1621-1622, still show the Flemish style known from the richly decorated houses on the Grand Places of Antwerp and Brussels. The architect was Hendrick de Keyser (1565-1621), a native of Utrecht who also designed some of the new churches as well as the first Amsterdam stock exchange. De Keyser was inspired by model books based on Italian Renaissance architecture. Accordingly, he covered the facade of the Bartolotti House with innumerable pilasters, masks, string courses, blocks, triglyphs, capitals, pediments, vases, stone scrolls, shells and balusters, all taken from those books. In their overabundance of adornment and such flaws as the exaggerated size of

die onder andere ook enkele kerken en het eerste beursgebouw van Amsterdam ontwierp. De Keyser liet zich inspireren door modellenboeken die weer teruggrepen op de Italiaanse renaissancistische architectuur. Zo 'beplakte' hij alle verdiepingen van het Barlottihuis met talloze pilasters, maskers, banden, blokjes, trigliefen, kapitelen, frontons, vazen, klauwstukken, schelpen en balusters, allemaal elementen die in die voorbeeldboeken waren opgenomen. Ook aan de enigszins buitenproportionele portretkoppen van klassieke goden op Het Huis met de Hoofden kan men aflezen dat de grote bouwmeester Hendrick de Keyser met zijn flamboyante trapgevels nog niet de finesse van het klassieke grachtenhuis wist te bereiken.

Dit werd wel bereikt door Philips Vingboons (1607-1678), een leerling van een andere architectonische grootheid, Jacob van Campen (1595-1657), de ontwerper van het Stadhuis (sinds begin 1900: Paleis) op de Dam. Aan Vingboons is het veel gekopieerde archetype toe te schrijven van de halsgevel, waarbij de nok van het dak werd verborgen achter een tempelfronton, geflankeerd door twee krullen. De rest van de gevel eronder werd aanvankelijk ingedeeld met platte, nauwelijks zichtbare pilasters; later werden zelfs deze elementen weggelaten. Wel werden de krullen steeds rijker uitgevoerd: vooral in het latere grachtengedeelte (vanaf 1660) zien we bijvoorbeeld omvangrijke zeegoden en mythologische zeedieren verschijnen, zoals op Herengracht 508 en 510. De halsgevel - en de variatie daarop: de klokgevel - was uitsluitend geschikt voor huizen die gebouwd waren op 'enkele' percelen, voor dubbele percelen moesten andere types ontworpen worden. Ook hierbij werd aanvankelijk teruggegrepen op het tempelfront, zoals bij Herengracht 386, maar dan met een fors pediment op twee rijen pilasters (ronde of halfronde zuilen werden eigenlijk nooit toegepast). Opnieuw werd er verder slechts ingetogen gedecoreerd: de pedimenten werden niet als bij tempels en paleizen vol gezet met beelden, maar werden hoogstens voorzien van familiewapens in laagreliëf.

Elders werd de grachtengevel nog soberder aangekleed: vooral een zorgvuldige raamindeling en de fraaie enkele of dubbele stoep waren de enige accenten. Bij dubbele panden werden vaak nog de centrale deur en de ramen erboven van fraaie omlijstingen voorzien. Maar voor de rest bleef het

the sculpted portraits of Greek gods on the House with the Heads, the flamboyant step gables of the otherwise great architect Hendrick de Keyser fail to achieve the finesse of the classical canal house.

In this regard, Philips Vingboons (1607-1678) was more successful. He was a student of another great Amsterdam architect, Jacob van Campen (1595-1657), who designed the city hall. Vingboons has been credited with the much copied archetype of the «neck gable», where the roof ridge was hidden behind a triangular temple front or pediment and flanked by two stone curls. The remainder of the facade was divided by flat pilasters that were hardly visible to begin with and that at a later stage were left out altogether. By contrast, the curls grew ever richer and more elaborate. This is especially apparent on the grachts dug after 1660, where gods and mythological sea creatures make their appearance, most prominently at Herengracht 508 and 510.

The neck gable, and its variant the «bell gable», was a rather narrow structure that fitted only houses on single plots. For double-plot houses other solutions had to be found. At Herengracht 386, for example, the temple front was supported by two large rows of pilasters. On the whole, the decoration of the facades was austere. The pediments were not, as usual on temples and palaces, filled with statues; if they were adorned at all, it was with the family coat of arms in low relief.

Elsewhere the gables on the canals could be even more sober, distinguished with no more than a meticulous alignment of the windows and a single or double stoop. Double houses sometimes show a decorative frame around the centrally placed door and the windows above it. For the rest, the gracht houses were kept Calvinistically modest, at least on the outside.

In the course of the 18th century the fashion changed.

'calvinistisch' sober aan de grachten. Althans: aan de buitenkant...

De meest voorkomende uitzondering daarop was de gevelsteen, in feite het naambord van de 17de en 18de eeuw. De meeste huizen hadden een naam die als postadres fungeerde, want huisnummers waren er lange tijd nog niet. Een voorbeeld: wat nu bekend is als Herengracht 59 heette in die tijd nog 'het huis aan de Herengracht, waar de hond in de gevel staat'. Helaas is die gevelsteen met de afbeelding van een hond al lange tijd verdwenen, maar in Het Grachtenboek van Caspar Philips (1768-71) kan men hem nog zien, boven het middelste raam van de eerste verdieping.

Een formidabel mooi exemplaar pronkt op Keizersgracht 401, waar tegenwoordig het fotomuseum Huis Marseille is gevestigd: op de gevelsteen is een compleet vogelvluchtaanzicht van de Franse havenstad in laagreliëf weergegeven.

In de loop van de 18de eeuw veranderde de smaak en zo werden in die eeuw en in de 19de eeuw talloze trap- en halsgevels vervangen door een rechte lijst, hetgeen tevens de mogelijkheid schiep om het puntdak te vervangen door een extra verdieping met een plat dak. Gelukkig werd menige lijst voorzien van een fraaie balustrade met versiering, zoals familiewapens, zodat er toch nog iets sculpturaals te genieten bleef. Maar de hoogtijdagen van de grachtenhuissculptuur waren wel geteld. En omdat de art déco in Amsterdam nooit echt heeft postgevat, zijn er ook maar weinig versierde gevels uit de periode rond de eeuwwisseling van 1900.

Daarentegen is er een veel groter en contradictoir geluk te constateren, namelijk die van de economische stagnatie van Amsterdam in de 18de en 19de eeuw. Doordat de ontwikkeling van de stad in die periode in feite stilstond, werd er weinig afgebroken, want de huizen voldeden nog immer aan de maatstaf. En geld om te vervangen was er meestal niet. Tegen de tijd dat de stad weer tot bloei kwam, dus in de late negentiende eeuw, was er al een besef bij de intellectuele en politieke elite dat de grachtengordel een onovertroffen historisch ensemble was, waarop zo min mogelijk ingebroken moest worden. Plannen om de grachten voor het toenemende verkeer te dempen konden al in de late 19de eeuw rekenen op furieuze weerstand van monumentenbeschermers. En zo bleef deze

During that and the following century the peaked roofs of many houses with step, neck and bell gables were fitted out with straight cornices, which had the advantage of allowing the addition an extra floor with a flat roof. Fortunately many of these cornices were topped by a decorated balustrade, so that sculpture was not altogether lost. But Amsterdam's canal architecture had passed its prime. Because art deco did not find much of a following in the city, there are few decorated gables from the period around 1900.

Amsterdam had the good fortune, which was not perceived as such at the time, to stagnate economically during much of the 18th and 19th century. The city's expansion came to a halt and few houses were demolished to make room for new ones. There simply was no money for this, and in themselves the old houses were adequate. By the time the economy picked up late in the 19th century, the intellectual and political elites had become aware of the value of the grachtengordel as a unique historical ensemble worth preserving. Plans to fill in grachts to accommodate the growing traffic were vehemently opposed and seldom carried out. The extensive authentic environment remained largely intact, in the end becoming Amsterdam's most valuable capital asset: an immensely popular tourist destination with at its core a somewhat hidden sculpture park.

Paul Spies

omvangrijke authentieke entourage grotendeels in tact, om tenslotte het grootste kapitaalgoed van de stad te worden: een immens populaire toeristenbestemming met als onderdeel daarvan een enigszins verhulde beeldentuin.

Paul Spies

1

3 Prinsengracht at/*hoek* Brouwersgracht, February/*februari*

4   Romeinsarmsteeg 5-9, May/*mei.*

5   Noordermarkt 16-21, May/*mei.*

6 Bergstraat 16, May/*mei*.

7 Bergstraat 16, December.

28   Herengracht 508-510, June/*juni*.

9 Keizersgracht 778-790, April.

uwezijds Voorburgwal 65 at/*hoek* Suikerbakkerssteeg, June/*juni*.

11 Roomolenstraat and/*hoek* Langestraat,
March/*maart*.

13 Oudezijds Voorburgwal 80,
    Oude Kerk, May/*mei*.

14 Reestraat 5, May/*mei*.

15 Kloveniersburgwal 38, at/*hoek* Boerensteeg, April.

16   Prinsengracht 503, January/*januari*.

7   Oudezijds Voorburgwal 133-135, at/*hoek* Stoofsteeg, May/*mei*.

18   Hoogte Kadijk and/*hoek* Tussen Kadijken, May/*mei*.

19 Oudezijds Achterburgwal 31-37,
    January/*januari.*

20 Tweede Laurierdwarsstraat 8, January/*januari*

21 Nieuwezijds Voorburgwal 171, December

at/*hoek* Laurierstraat,

26   Oudezijds Voorburgwal 132, May/*mei*.

28 Keizersgracht between/*tussen* Prinsenstraat and/*en* Leliegracht, Wester Tower/*Toren*, February/*februari*.

29 Herengracht 364-370 (Arch.: Ph.Vingboons), October/*oktober*

30 Keizersgracht 737-741, May/*mei.*

32 Brouwersgracht at/*bij* Binnen Brouwersstraat,
May/*mei*.

2

33 Herengracht 526, June/*juni*

36 Kromme Waal, November.

37   Oudezijds Voorburgwal 67, May/*mei*.

39 Brouwersgracht 46-48, December.

40 Keizersgracht 615,
March/*maart*.

41   Keizersgracht between/*tussen* Leidsestraat and/*en*
Nieuwe Spiegelstraat, November.

42 Kloveniersburgwal 62, December at/*hoek* Rusland, Decembe

43 Oudezijds Voorburgwal 19, October/*oktober*.

44 Oudezijds Voorburgwal 19, October/*oktober*.

47 Leidsegracht between/*tussen* Herengracht and/*en*
    Keizersgracht, December.

48   Lauriergracht 23, March/*maart*.

Lauriergracht 23, April.

50 Raamgracht 17-19, and/*en* Groenburgwal, Zuiderkerk,
    February/*februari*.

52   Herengracht 35 at/*hoek* Roomolenstraat, December,

55   Keizersgracht 210, December.

56   Oude Schans, Montelbaans Tower/*Toren*,
     Zuiderkerks Tower/*Toren*, December.

58   Herengracht 607, May/*mei*.

59 Herengracht 392, December.

3

62   Herengracht 510, June/*juni*.

63   Amstel at/*bij* Kerkstraat, *Magere Brug*, November.

66   Herengracht 55-63, December.

67   Prins Hendrikkade 10-14
opposite/*tegenover* Centr
January/*januari*.

Nieuwe Leliestraat 4 at/*hoek* Prinsengracht, February/*februari*.

69   Prinsengracht 52-54, February/*februari*.

70, 71, 72   Oudezijds Voorburgwal 187, October/*oktober*.

73 Haarlemmerdijk 45, May/*mei.*

74   Nieuwendijk 61-65, May/*mei*.

75 Keizersgracht and/*en* Leidsegracht, February/*februar*

Herengracht 524-526, June/*juni*.

Brouwersgracht at/*hoek* Binnen Brouwersstraat, January/*januari*.

Bergstraat 16, December.

84 Kalverstraat 94-104, entry/*ingang Amsterdam Museum*, May/*mei*.

85   Damrak at/*hoek* Zoutsteeg, February/*february*.

86 Amstel, the Music Theatre/*Stopera*, February/*februari*.

87 Singel 326, June/*juni.*

88   Singel 326, February/*februari*.

uary/*februari.*

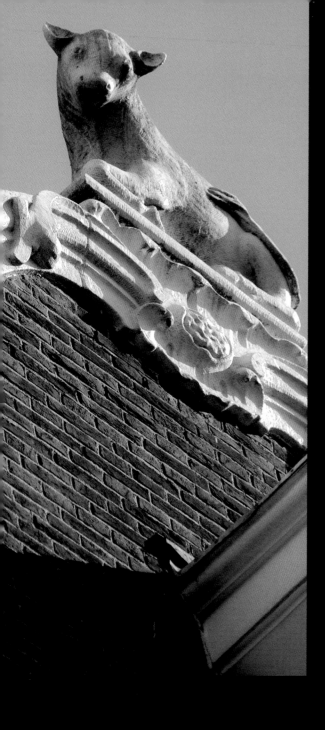

90 Bloemgracht 8 May/*mei*   91 Haarlemmerstraat 62 May/*mei*

92 Keizersgracht 64, May/*mei*.

93 Haarlemmerstraat 110, May/*mei*.

94 Singel 400-414 at/*hoek* Wijde Heisteeg, January/*januari*.

95   Herengracht 409-411, *April*

17 Dijksgraafplein

96 Nieuwezijds Voorburgwal 115-119, *Nieuwe Kerk*, January/*januari*

97   Keizersgracht 353-357 at/*hoek* Huidenstraat, February/*februari*.

98 Herengracht 281-287, February/*februari*.

99 Brouwersgracht at/*bij* Binnen Brouwersstraat,
   January/*januari*.

4

103 Prins Hendrikkade at/*bij* Zeedijk, St. Nicolaas church/*kerk*, February/*februari*.

104 Herengracht and/*en* Beulingstraat, seen from/*gezien vanuit* Het Grachtenhuis, Herengracht 386, February/*februari*.

105 Herengracht 390-394, at/*hoek* Leidsegracht, December

106   Reguliersgracht
98-102, April.

110   Haarlemmerstraat 105-107, May/*mei*.

112 Singel 377-379,
January/*januari*.

113   Martelaarsgracht, «De Stam Jesse,» at/*hoek* Nieuwendijk, December.

114   Martelaarsgracht at/*hoek* Nieuwendijk, May/*mei*.

115   Leidsegracht between/*tussen* Keizersgracht and/*en* Prinsengracht

118   Leidsestraat 44-46, April.

123   Brouwersgracht 46-58, January/*januari*.

124   Herengracht 309-311, January/*januari*.

128 Brouwersgracht 40-56, February/*februari*.

PS

129   Brouwersgracht 88-96, January/*januari*.

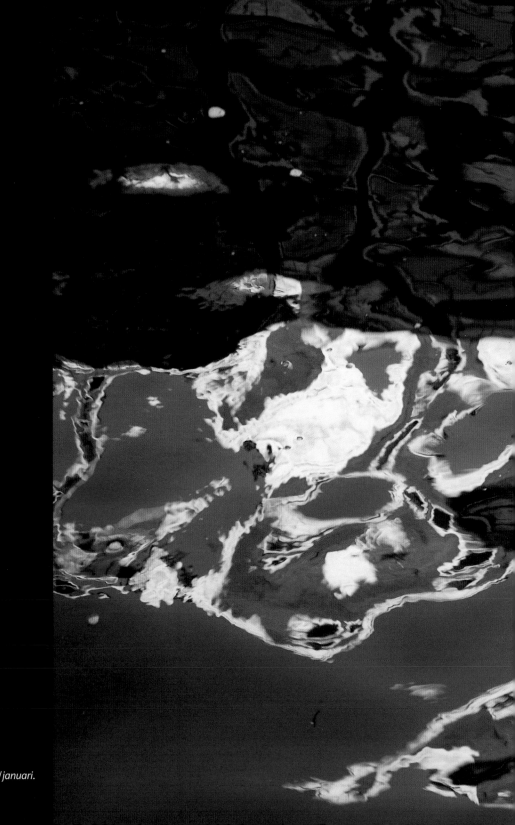

131   Brouwersgracht 48-56, January/*januari*.

History, background and context.

Geschiedenis, achtergrond en omgeving.

Books

Martine Gosseling, *New York New Amsterdam, The Dutch Origins of Manhattan*, Amsterdam, Nieuw Amsterdam Uitgevers, 2009.

Jonathan Israel, *The Dutch Republic: Its Rise, Greatness and Fall 1477-1806*, Oxford, Oxford University Press, 1995.

Lisa Jardine, *Going Dutch: How England Plundered Holland's Glory*, Harper.

Susanne Komossa, *Models, Rules, Ideals*, Nijmegen, Vantilt, 2010.

Geert Mak, *Amsterdam, A Brief Life of the City*, London, Vintage Books, 2000.

Geert Mak and other authors, *The Amstel*, Amsterdam, Bas Lubberhuizen, 2002.

Maarten Prak, *The Dutch Republic in the Seventeenth Century*, Cambridge Univesity Press, 2005.

Dr Richter Roegholt, *A Short History of Amsterdam*, Amersfoort, Bekking & Blitz, 2010.

Simon Schama, *The Embarrassment of Riches, An Interpretation of Dutch Culture in the Golden Age*, New York, Knopf, 1987.

Mariet Westermann, *A Worldly Art. The Dutch Republic, 1585-1718*. Yale University Press, 2010.

Boeken

Boudewijn Bakker, Erik Schmitz, Het aanzien van Amsterdam. Panorama's, plattegronden en profielen uit de Gouden Eeuw, *Bussum, Thoth en Stadsarchief Amsterdam*, 2008.

A. Th. Van Deursen, De last van veel geluk. De geschiedenis van Nederland 1555-1702, *Amsterdam, Bert Bakker*, 2004-2006.

Willem Frijthof en Maarten Prak (red.), Geschiedenis van Amsterdam, II. Centrum van de Wereld 1578-1650, *Amsterdam, SUN*, 2004.

W.F. Heinemeijer, M.F. Wagenaar en anderen, Amsterdam in kaarten: verandering van de stad in vier eeuwen cartografie, *Ede / Antwerpen, Zomer & Keuning*, 1987.

Tim Killiam, Amsterdamse Grachtengids, *Amsterdam, Cityboek*, 1978-2006.

Tim Killiam, Rolf Unger, De Amsterdamse Grachtengordel in kleur. Het Singel. *Amsterdam, Cityboek*, 2000.

Id., De Herengracht.

Susanne Komossa, Hollands bouwblok en publiek domein, *Nijmegen, Vantilt*, 2010.

Erika Kuijpers, Migrantenstad. Immigratie en sociale verhoudingen in 17e-eeuws Amsterdam, *Hilversum, Verloren*, 2005.

Geert Mak, Een kleine geschiedenis van Amsterdam, *Amsterdam / Antwerpen, Atlas*, 1995-2005.

Marion Peters, De wijze koopman. Het wereldwijde onderzoek van Nicolaes Witsen (1641-1717), *Amsterdam, Bert Bakker*, 2010.

Ben Speet, Historische Atlas van Amsterdam, van veendorp tot hoofdstad, *Amsterdam, SUN*, 2010.

Paul Spies en Annemarieke van Oord – de Pee, Het Grachtenboek, *The Hague, SDU*, 1991.

J.G. Wattjes en F.A. Warners, Amsterdams Bouwkunst en Stadsschoon 1306-1942, *Amsterdam, Allert de Lange*, 1944.

H.J. Zantkuijl, Bouwen in Amsterdam, *Amsterdam, Vereniging Vrienden van de Amsterdamse Binnenstad, Gemeentelijk Bureau Monumentenzorg / Gemeentearchief Amsterdam, Architectura et Natura*, 1993.

Museums/Musea

Rijksmuseum,
Jan Luijkenstraat 1,
www.rijksmuseum.nl.

Amsterdam Museum,
Kalverstraat 92,
www.amsterdammuseum.nl.

Museum Willet-Holthuysen,
Herengracht 605,
www.willetholthuysen.nl.

Museum Geelvinck,
Keizersgracht 633,
www.museumgeelvinck.nl.

Museum van Loon,
Keizersgracht 672,
www.museumvanloon.nl.

Bijbels Museum,
Herengracht 366-368,
www.bijbelsmuseum.nl.

Ons' Lieve Heer op Solder,
Oudezijds Voorburgwal 40,
www.opsolder.nl.

Huis met de Hoofden,
Keizersgracht 123,
www.huismetdehoofden.nl.

Het Grachtenhuis,
Herengracht 386,
www.herengracht386.com.

Het Grachtenhuis, Herengracht 386, near/*bij* Leidsegracht.

Register

I would like to thank Maarten Asscher and Ceciel de Bie for their valuable advice during
the preparation of this book;
Gary Schwartz for editing the English texts;
Wim Pijbes and Paul Spies for their written contributions;
and my wife Mira for the loving but merciless opinions she expressed on the choice of the
photos and the lay-out.

*Veel dank aan Maarten Asscher en Ceciel de Bie voor hun goede raad tijdens
de voorbereiding van dit boek;
aan Gary Schwartz voor het corrigeren van de engelse teksten;
aan Wim Pijbes en Paul Spies voor hun inhoudelijke bijdragen;
en aan mijn vrouw Mira voor haar liefdevol doch onbarmhartig commentaar op de keuze en de plaatsing van de foto's.*

133 Korte Prinsengracht, May/*mei*.